Para Sara
De Eva

Idea original: Carlos Echeverry
Ilustraciones: Jordi Busquets

Campezo, s/n - 28022 Madrid
Tel.: 913 009 100 - Fax: 913 009 118
www.susaeta.com
ediciones@susaeta.com

PRIMERA BIBLIOTECA

Leyendas del bosque:

hadas, dragones, gnomos y otros.

susaeta

CONTENIDOS

LAS BRUJAS

LAS BRUJAS

Era la época en que los gigantes, dragones, ogros y hadas convivían con las brujas en el Bosque Mágico.

En el Libro Mágico de los Gnomos descubrí muchas cosas nuevas sobre ellas.

Existen varias clases de brujas.

Las Maléficas: se dedican a hacer el mal, a asustar por las noches y a fabricar todo tipo de fórmulas para los más diversos fines.

Las Buenas: muy difíciles de encontrar pero existen.

Y las brujas Bobas, las brujitas de las Flores... y muchas familias más, cada una con sus costumbres.

Vamos a conocer ahora las historias recopiladas por los gnomos sobre las brujas. Empezaremos por las Maléficas, que son de las que más historias se han divulgado.

Tienen unos gustos un tanto originales…

COSTUMBRES

Antes de relatar las espantosas historias de las brujas Maléficas, vas a conocer algunas de sus extrañas costumbres.

Mascotas que duermen con la bruja.

Se levantan al anochecer,
después de pasar el día
durmiendo y soñando
agradables pesadillas;
sueñan con ensaladas
a base de gnomos, con
escorpiones, serpientes y arañas.

Al despertarse, murmuran dulces
palabras ante la noche
que se
avecina.

Las brujas miran su espejo mágico todas las noches, para ver si están más feas. Si les han salido manchas, arrugas, espinillas, verrugas o pústulas en la cara, se ponen muy contentas.

De todas formas, suelen comprar cosméticos especiales para parecer aún más horrorosas:

Polvo de piel de sapo para que les salgan arrugas, crema de rinoceronte para secar la piel, carbón con huevos podridos para producir ojeras… en fin, todas las brujas son coquetas.

Antes de salir, las brujas Maléficas comprueban que su casa esté muy sucia, llena de polvo, telarañas, barro y hojas secas.

VESTUARIO

Las brujas Maléficas, aparte de ser malas, van muy bien vestidas. Éstas son muestras de su ropa:

VESTIDO INFORMAL, bordado con arañas y escorpiones.

VESTIDO PARA ESTAR POR CASA

VESTIDO PARA LAS NOCHES DE GALA

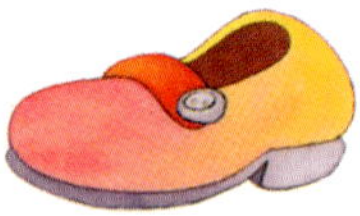

ZAPATO SUAVE, hecho con piel de gnomo.

ZAPATO DE DIARIO, hecho con piel de ratón y culebra.

ZAPATO DE GALA, hecho con la cabeza de un dragoncito.

SOMBRERO DE DIARIO adornado con dientes de dragón.

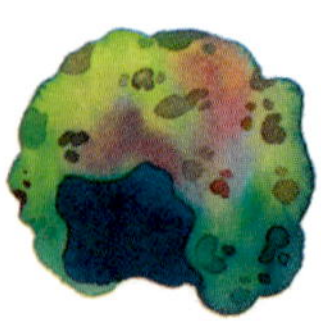

GORRO DE BAÑO impermeable, hecho con piel de sapo.

SOMBRERO DE PLAYA con visera de ala de murciélago para el sol.

COMIDA

Sin duda, uno de sus alimentos favoritos son las culebritas vivas con salsa de tomate.

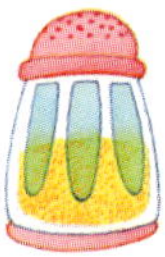

Uñas en polvo

Patas de rana molidas

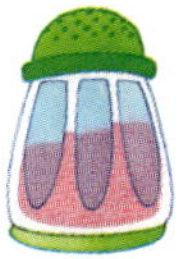

Ojos de sapo machacados

Huesitos de dragón tierno

Ojitos de dragón servidos en gorritos de gnomo.

Zumo mágico:
- Emulsión de caca de vaca
- Leche de magnesio
- Huevos de serpiente
- Ojos de pulpo
- Berenjena

Cucarachas en almíbar

Crema de leche de gusano

LA VIDA NOCTURNA DE LAS BRUJAS

Todo el Bosque Mágico tiembla de miedo cuando llega la noche: es la hora de las brujas Maléficas. Sus carcajadas se oyen tras los árboles y todos los habitantes se estremecen al oírlas.

Los gnomos, los dragones y los gigantes se ocultan rápidamente: de noche es muy peligroso salir…

Una bruja Maléfica
salió de cacería un
día y…
¡capturó un
dragoncito y
seis gnomitas!

Con ellos prepararía una deliciosa comida para sus invitados.

Unas viejas amigas quedaron en ir a cenar para celebrar el éxito de la noche.

Brujas volando en dirección a la fiesta.

Por fin comenzó la fiesta. Cada bruja debía traer algún manjar: la Maléfica trajo a las gnomitas y al dragoncito; la Boba, cinco gnomos gorditos, ideales para darle sabor a la sopa de insectos, y así todas colaboraron en el menú.

Pero mientras las brujas se disponían a comerse a los gnomos y dragones, éstos esperaban impacientes que sus amigos vinieran a rescatarlos…

¿Llegarían a tiempo? ¿Lograrían vencer a las brujas?

ATAQUE A LAS BRUJAS

Para las brujas fue ésta una de las noches más hermosas: rayos, truenos y centellas, un frío intenso y lluvia con granizo.

En cambio, para los gnomos y dragones esta noche fue horrible y peligrosa. Aun así, decidieron atacar a las brujas que habían raptado a sus compañeros. Un ejército de dragones transportaba a los gnomos guerreros.

También llevaban las bombas corazón y el arma secreta de los gnomos: la máquina Arco Iris.

Llegaron y atacaron por sorpresa.

Las brujas salieron huyendo despavoridas, pero los dragones las persiguieron y les quemaron las escobas, por lo que todas cayeron a tierra.

Además, los gnomos, montados sobre los dragones voladores, las bombardearon con las bombas corazón, algo que ellas no podían soportar.

Y así, de este modo, todos los gnomos y dragoncitos prisioneros fueron liberados y volvieron a casa sanos y salvos.

LAS ESCOBAS

La escoba es el utensilio más importante para una bruja.

Es bien sabido que las brujas han volado siempre en escobas, pero ¿qué se sabe de estos aparatos? Casi nada. Gracias al estudio que hicieron los gnomos sobre las brujas, disponemos de un variado muestrario de escobas.

MODELOS MÁS COMUNES

Escoba tradicional, para uso doméstico o salidas cortas.

Escoba modelo estándar para uso en ciudad.

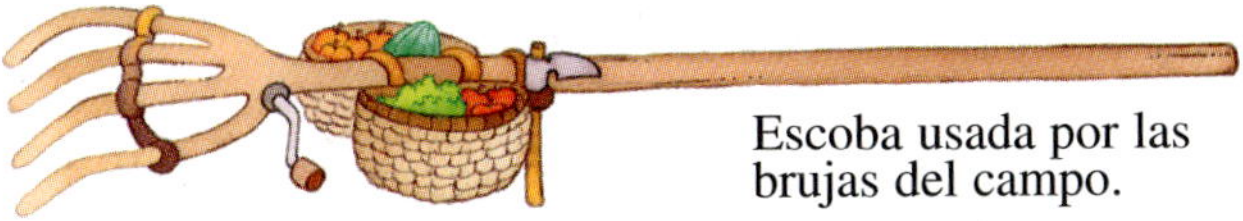

Escoba usada por las
brujas del campo.

Escoba con tres
turbinas para viajes
intercontinentales.

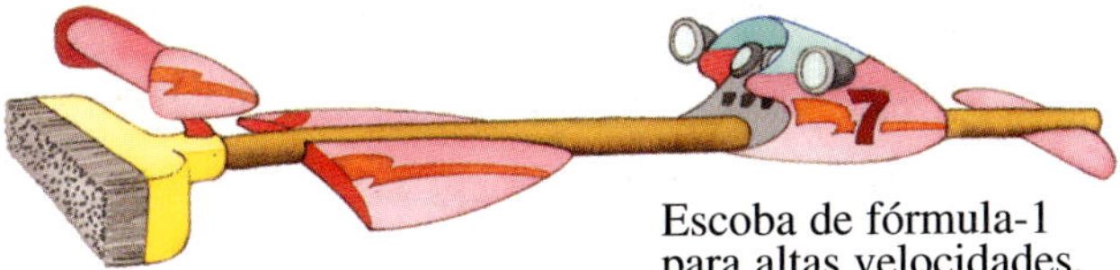

Escoba de fórmula-1
para altas velocidades.

Escoba juvenil para
brujas jovencitas,
con radio y pegatinas.

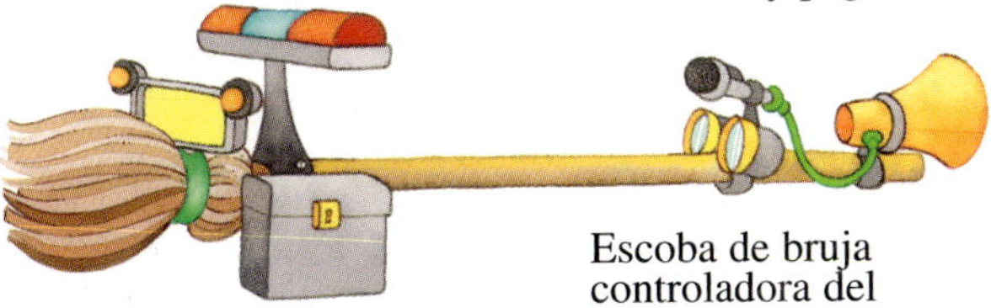

Escoba de bruja
controladora del
tráfico.

Incluso las brujas se modernizan
y se adaptan a la tecnología más avanzada
cuando de su trasporte se trata.

Escoba ultraligera, ala delta. Nótese que no necesita turbina.

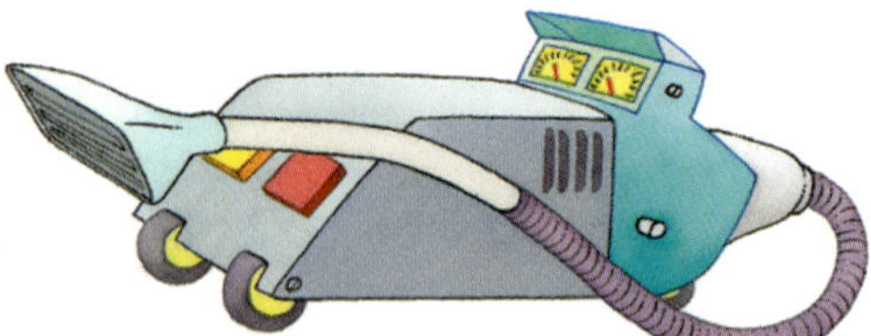

Aspiradora último modelo, metálica, con mecanismo para despegue como helicóptero.

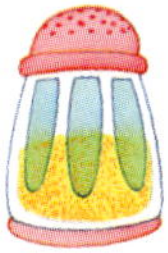

LAS BRUJAS HOGAREÑAS

Las brujas llamadas Hogareñas no son malvadas y feroces como las Maléficas; son muy comunes y pasan casi por personas del Mundo Real.

Pero ¡cuidado!, también preparan sus filtros y pociones mágicas, y causan a veces muchos trastornos.

Los gnomos recopilaron las costumbres y vida cotidiana de estas brujas.

Bruja Hogareña comprando en el supermercado.

EL EMBRUJO

Las brujas Hogareñas son rápidas y eficientes. Cuando le echan el ojo a un brujo, no fallan. No existe antídoto conocido para estas miradas. Desde ese instante, el brujo queda embrujado.

Aquí ves cómo la bruja Marta embrujó al brujo Chuco.

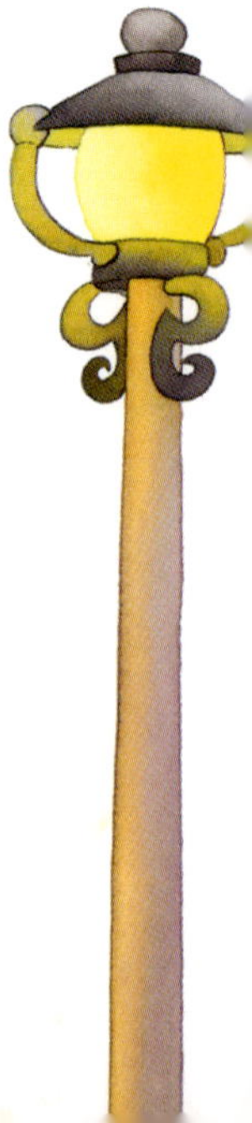

LOS NIÑOS

Cuando son pequeños los alimentan con insectos inofensivos y un poco de tierra.

Las brujas Hogareñas viven con el temor permanente de que sus hijos se envenenen con chicles, dulces y otro tipo de tóxicos.

A los pequeños les encanta dibujar monstruos aterradores y malvados. Les gusta hacer diabluras a gatos, perros, palomas y todo tipo de animales comestibles.

Brujito asustando a su hermana con un osito de peluche.

LOS DEPORTES

Las brujas son muy deportistas, les gusta estar en forma y, por eso, practican todo tipo de deportes, sobre todo el esquí acuático.

Son famosas las competiciones que se celebran todos los años en el Lago de las Culebras.

El vuelo en escobas ultraligeras ha ganado muchas adeptas, sobre todo entre las brujas más jóvenes.

El golf es practicado por algunas brujas Maléficas. Utilizan gnomos en vez de pelotas.

El esquí sobre nieve tiene una gran aceptación entre las brujas que viven en las montañas del Bosque Mágico.

Bruja Tropical haciendo surf en el Mar sin Fondo.

Pero sin lugar a dudas el deporte favorito de las brujas es la caza de gnomos.

Es un deporte que practican desde muy pequeñas y requiere una gran destreza. A los gnomos capturados los utilizan para sus recetas o simplemente los dejan caer desde lo alto.

Los gnomos inventaron unos paracaídas, que siempre llevan consigo, para este último caso.

HISTORIAS DE LAS BRUJAS

Cuando los hijos de las brujas se van a dormir, siempre piden a su madre que les cuente alguna historia.

Los cuentos que más les asustan son los que ellos llaman de terror: Pinocho, Blancanieves, Pulgarcito. Les asustan tanto que luego tienen pesadillas cuando duermen.

Bruja leyendo a su hijita una historia terrorífica, llamada Pinocho.

Los cuentos que más les gustan son los que narran historias de la vida real. Les hacen reír mucho.
Títulos como «Drácula y el vampiro negro», «La sangre de tus venas me encanta», «El infierno de Dante» o «A sangre fría» se los leen a los pequeños una y otra vez para que duerman en paz.

Brujita feliz en sus dulces sueños después de haber escuchado «Quiero tu sangre», un poemita infantil.

LA BRUJA DE PELO NEGRO

Era la época en que las brujitas eran rubias y el sol brillaba las 24 horas del día. No había noche y las brujitas no podían salir a pasear en sus escobas.

La brujita, sin embargo, vivía feliz pintando paisajes lúgubres, sórdidos lugares y castillos tenebrosos.

Mascotas favoritas de la bruja

Pero un día llegó un murciélago amigo que le contó que una nube de humo negro y espeso venía hacia el bosque, y que estaba matando a todos los habitantes.

La brujita, asustada, llamó a un brujito amigo suyo y le contó lo que pasaba.

El brujito le pidió que estuviese tranquila, que él saldría a buscar la gran nube y la destruiría.

Montó en su escoba y, con gran valor, se enfrentó a la nube negra. Le disparó con su arco mil escobitas mágicas, que hicieron añicos la nube.

Con los pedacitos negros le pintó el pelo a la brujita y, desde ese día, la llaman la brujita de pelo negro, pues ella sale cuando el sol se va y cubre el cielo con su pelo negro, lleno de estrellitas.

BRUJAS FAMOSAS

La bruja de Blancanieves

Fue la que envenenó a Blancanieves. Ella cuenta que Blancanieves era un hada malvada que raptó a siete gnomitos. Los gnomos le pidieron ayuda, así que fue a la casa de Blancanieves y le ofreció una manzana de plástico.

Blancanieves le dio un bocado y cayó muerta. Y los gnomitos quedaron libres gracias a la bruja.

Vivía en una casita de chocolate y dulces, que regalaba a quien acudía a visitarla.

Un día llegaron dos gnomos, niño y niña, muy malos: no comían, se acostaban tarde y no obedecían a sus padres. Un día, la encerraron en un cuarto oscuro y empezaron a comerse la casa.

Pero la bruja logró escapar, los metió en el horno y los asó. Así salvó su vida y los gnomos recibieron su merecido castigo.

LA BRUJA BUENA

En medio del Bosque Mágico se levanta la Torre del Caracol.

La brujita Buena de la Torre del Caracol vive en el primer peldaño de la escalera.
Es pequeña y transparente, y enseguida se da cuenta de cómo es cada persona que viene a la torre.

Cuando alguien va a subir, se agarra al talón del visitante.

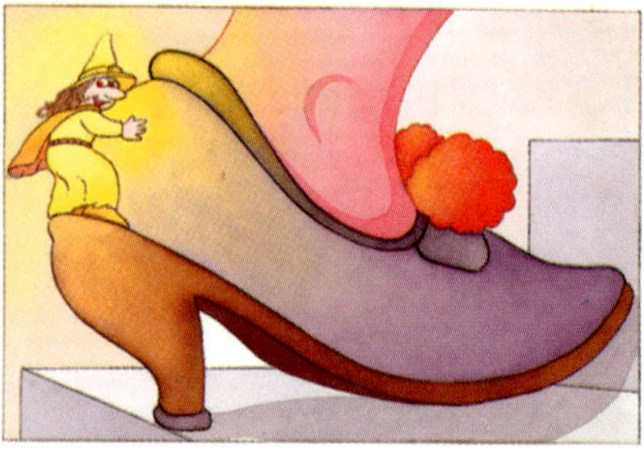

Cuando el visitante
va subiendo,
si es buena persona,
la brujita se enciende
e ilumina el camino.

Pero si es malo,
la brujita pierde
fuerza y se cae hasta
el primer escalón.
Y allí se queda a la
espera de un nuevo
visitante.

Tan sólo una vez
llegó arriba del todo
la brujita Buena.

LAS BRUJAS SUBTERRÁNEAS

Son muy peligrosas. Viven en el fondo de las minas de piedras preciosas de los gnomos. Excavan las rocas y la tierra con las uñas, para buscar bichos y raíces que son su alimento.

También así coleccionan los valiosos minerales que se encuentran allí, aunque no les sirven de mucho.

Son feísimas y de la peor calaña.

Cuando los gnomos bajan a trabajar, las brujas les piden que las dejen salir de la mina. Como los gnomos no acceden, las brujas les ofrecen joyas y piedras preciosas para convencerlos. Entonces los gnomos las encierran en cuevas y tapan la entrada con rocas, porque si salen, matan a todos con su aliento.

LAS BRUJAS QUE CUIDAN AL CATOBLEPAS

Eran tres brujas perversas que pasaban todo el día sentadas en unas mecedoras sobre el lomo de un monstruo terrorífico: el Catoblepas. ¿Y qué hacían? Tejer. Durante la noche tejían con los gruesos pelos del monstruo un gigantesco manto para cubrir el Bosque Mágico y hacer sufrir a sus habitantes.

Después de divertirse con semejante fechoría, volvían junto a Catoblepas para seguir tejiendo sobre su lomo.

Este monstruo tenía una cabeza grande y pesada, tanto que no podía levantarla. Sus pelos eran morados y gruesos. Apenas se podía mover, de gordo que estaba. Pero lo más peligroso del Catoblepas era su mirada. Cuando lograba levantar la cabezota, al que miraba lo convertía en sapo.

¡Bajo sus párpados rosados estaba el peligro! Y las brujas utilizaban los sapos para sus recetas.

Los gnomos estaban ya hartos de la infamia de las brujas, así que decidieron atacar al Catoblepas y acabar de una vez con el peligro.

Como no podían vencerle con la fuerza, pensaron, con aguda inteligencia, que lo mejor era construir un gran espejo, y pidieron a los dragones que les ayudaran a transportarlo hasta el lugar donde vivían el Catoblepas y las brujas.

Nada más llegar, colocaron
el espejo frente al
Catoblepas, quien, al
ver su propia imagen
y la de las
brujas...
¡PUM!

¡Convirtió a todos en sapos! Y desde ese
día reinó la paz en el Bosque Mágico.

LOS DRAGONES

HISTORIAS

Era la noche en que gnomos,
ogros, gigantes, hadas y brujas
convivían con los dragones
en el Bosque
Mágico.

Todas las historias de estos personajes están escritas en el Libro Mágico: sus aventuras, sus leyendas, amigos y enemigos.

Vamos a contaros la historia de los dragones.

Pero antes de adentrarnos en esos relatos maravillosos, veréis cómo se conocieron los gnomos y los dragones.

JUEGOS ENTRE GNOMOS Y DRAGONES

Hace muchos años hubo una lucha despiadada entre gnomos y dragones por el rapto de una princesa. Cuando capturaban a algún gnomo lo convertían en un juguete.

Así trataban a los gnomos prisioneros:

Los hijos de los dragones se divertían con las cometas.

BATALLA POR LA PRINCESITA

Todo dragón, al cumplir 17 años, debía raptar una princesita gnoma, y luego enfrentarse con los caballeros y héroes que vinieran a rescatarla.

Una soleada mañana, el dragón Ramón encontró a una princesita y se dispuso a atraparla: se agachó y le soltó una bocanada de fuego. La gnomita salió corriendo y el dragón fue tras ella.

Al fin, el dragón la cogió suavemente y la llevó volando hasta el Valle de los Dragones.

Todo el bosque se puso en marcha para buscar a la gnomita. No tardaron en llegar los aventureros: el Ogro Botas de Caucho, el Caballero de la Antena, el capitán Arcas de Oro y muchos gnomos deseosos de casarse con la princesita.

El Ogro
Botas de Caucho

Todos estaban preparados para el combate con el dragón Ramón. Pero…

El Caballero
de la Antena

El Capìtán
Arcas de Oro

¿Quién sería capaz
de rescatar a la gnomita?
¿Estaría aún sana y salva?

Mientras los osados aventureros emprendían la marcha en busca de Ramón, éste estaba ya cerca del Valle de los Dragones.

Su velocísimo vuelo provocaba tormentas y tempestades.

Princesita gnoma raptada.

El agua hervía en los ríos y los peces saltaban inquietos.

Las verdes escamas protegen
a los dragones de los
líquidos,
y dejan pasar el aire
y el calor que necesitan.

Así volaba Ramón hacia
su casa con la princesita
firmemente apretada en la
mano izquierda.

Ramón atravesó
desiertos y montañas,
ríos y mares,
cavernas donde jamás
había entrado la luz.
Viajó de día
y de noche, trazando
un recorrido que sólo los dragones
pueden hacer.

Por fin llegó el día: el Capitán Arcas de Oro le ofreció al dragón oro; el Caballero de la Antena le prometía fama, y el Ogro le ofreció cinco gnomos a cambio. Pero él los rechazó con una bocanada de fuego.

Día tras día nuevos caballeros pretendían rescatarla. Pero ninguno lo conseguía.

Entretanto, el dragón y la princesa se fueron haciendo amigos. Él le contaba historias de sus antepasados y ella le relataba leyendas de gnomos.

Pero un día la gnomita se puso muy triste porque quería regresar a casa. Él le rogó que no se marchara. A pesar de todo, ella se fue y el dragón jamás volvió a contar historias. Sólo quedaron escritas las que vas a leer ahora.

LA NUBE MISTERIOSA

La gnomita iba anotando los cuentos que el dragón le contaba. Así han llegado hasta nuestros días, en el Libro Mágico. El primero es «La nube misteriosa». Nos cuenta cómo los dragones lucharon y se defendieron de un peligro por el que casi tuvieron que abandonar su territorio.

Era la época en que el Valle de los Dragones era un lugar feliz.

Sus habitantes cultivaban plantas y frutos muy picantes, que, con gasoil y azufre, eran su alimento preferido.

LA DIETA DEL DRAGÓN

Pan de piedra pómez

Peligroso zumo de gasoil

Ensalada de trocitos de azufre con salsa de ácido sulfúrico

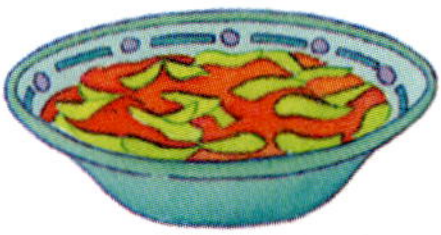

Plato de hierbas venenosas y picantes

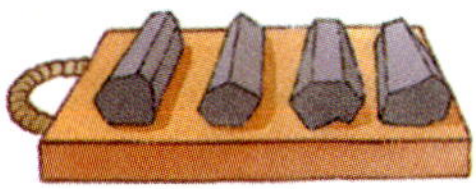

Barritas de carbón

Pero un día llegaron los Invasores en una nube misteriosa.

Era una nube inmensa,
que iba dejando a su paso
una estela de rayos maléficos.

Los Invasores capturaron a los dragones pequeñitos a los que apretaban la tripita para que echaran fuego por la boca y así poder fumar.

Desde la nube, cayeron trombas de agua que apagaron los volcanes y enfriaron los desiertos, donde veranean los dragones. Pero cuando decidieron acabar con todos los dragones y apoderarse de su valle, el dragón Nogard, el más sabio de todos, dijo: «¡¡Lucharemos contra el invasor!!».

Invasor utilizando un dragoncito como encendedor.

Como los dragones pueden volverse invisibles, desaparecieron ante los Invasores, que no supieron qué hacer.

Buscaron por todas partes, cuando de repente ¡CATAPLÚN! Aparecieron los dragones, al mando de Nogard, y les rodearon, los ataron a unas rocas y los dispararon con sus catapultas muy lejos de su querido valle.

Invasores lanzados con este antiguo sistema.

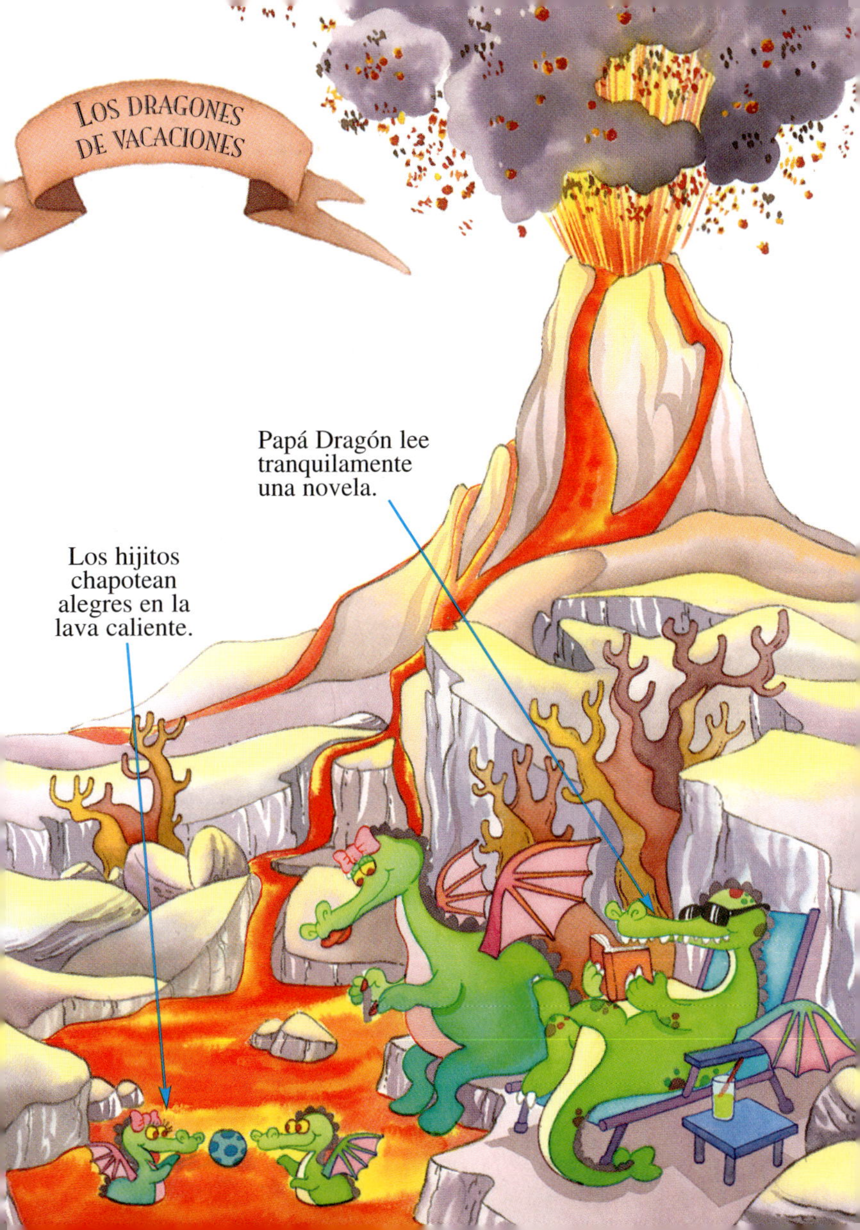
LOS DRAGONES DE VACACIONES
Papá Dragón lee tranquilamente una novela.
Los hijitos chapotean alegres en la lava caliente.

LA FAMILIA

La princesita gnoma, durante su larga estancia en casa del dragón Ramón, fue anotando con mucho detalle todas las actividades que desarrollaban los dragones diariamente.

La princesa gnoma se convirtió en escritora para la posteridad.

Mamá Dragón, después de enviar
a sus pequeños dragones al colegio, solía
arreglarse y perfumarse con las joyas
y ungüentos que Papá Dragón
le había regalado.

El Tocador de Mamá

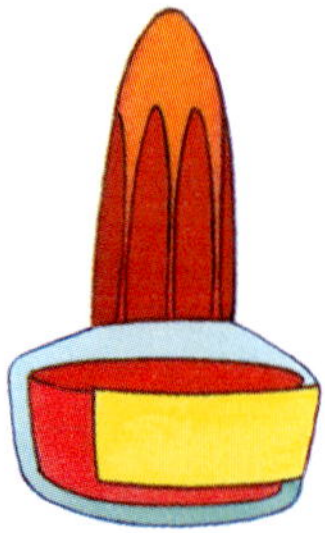

Esmalte para las uñas,
elaborado con ácidos
y corrosivos varios.

Crema para las manos,
hecha con emulsión de cristal
molido y ortiga venenosa.

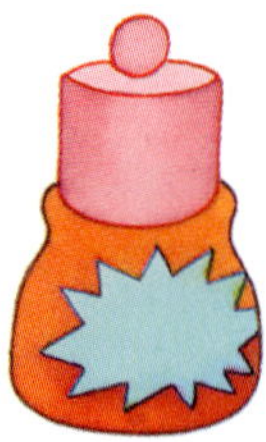

Lava para
las arrugas

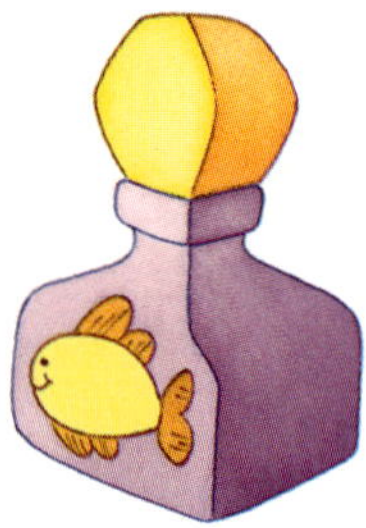

Perfume
de arenque

Rimmel para las pestañas,
elaborado con petróleo crudo.

Tras maquillarse, Mamá Dragón se iba a trabajar a la biblioteca del Valle de los Dragones. Por su parte, Papá Dragón se daba su baño de ácido sulfúrico, desayunaba, leía el diario de la mañana y volaba a su trabajo.

Papá Dragón leyendo el diario cuando vuela rumbo al trabajo.

Al llegar la noche, toda la familia se sentaba durante un buen rato frente a la chimenea. Papá Dragón en su gran sillón. Era el momento en el que estaban todos juntos y conversaban animadamente sobre lo sucedido a lo largo del día.

Papá Dragón
enciende la chimenea.

Después, llegaba el momento de acostar a sus hijitos. Papá y Mamá se ponían manos a la obra.

El pequeño dragón
es llevado «suavemente»
a la cama a la hora de dormir.

DRAGONES FAMOSOS

Hace muchísimos años,
vivía un gnomo
emperador de
la China
a quien
le gustaban
mucho los
dragones.

Su ropa tenía dibujos de dragones, sus libros preferidos trataban sobre dragones y a sus hijitos les regalaba dragones de juguete.

Un día decidió construir una gran muralla para que un pintor famoso representara las historias de dragones. Quería que, cuando hubiera pasado mucho tiempo, todos conocieran su gusto por estos animales.

El gnomo pintor
frente a la muralla.

El gnomo empezó a pintar el gran mural con mucho cuidado, lentamente, y lejos de la vista de todos. El Emperador había prohibido que se acercaran al artista para que no le interrumpieran mientras se concentraba en su obra.

A finales del otoño el gnomo comunicó al Emperador que su obra ya estaba concluida, que podía ir a verla todo el pueblo. El Emperador organizó una gran fiesta frente a la muralla, que permanecía tapada con tela, e invitó a gnomos de todo el mundo. Llegaron en sus unicornios, en mariposas, en tren, por barco, todos deseosos de conocer la Muralla del Dragón.

Gnomos de todo el mundo llegando a la fiesta.

Pero cuando el artista destapó la muralla, los asistentes se quedaron asombrados. ¡Los dragones no tenían ojos!

El pintor explicó que cuando se pinta un dragón en una muralla nunca deben pintarse los ojos, pues eso atraería tormentos y desgracias. Sin embargo, y a pesar de esto, todos insistieron en que se los pintara ¡inmediatamente!

El gnomo se acercó a la muralla y pintó los ojos a los dragones. En ese instante se escuchó un ruido espantoso. Los dragones, con los ojos pintados, cobraron vida y volaron al cielo entre rayos y centellas.

A partir de ese momento todo cambió.

Durante muchos años hubo en China una época de hambre y sequía, y en la Muralla quedaron dos dragones sin ojos, como recuerdo de la equivocación de los gnomos.

ALGUNOS TIPOS DE DRAGONES

El Dragón Chino es uno de los cuatro animales mágicos cuyo respeto inculcaban los gnomos más viejos a los más jóvenes.

Los otros tres, que cuidaban del País de los Gnomos, eran el unicornio, el fénix y la tortuga.

Una de las especies más conocidas del dragón chino es ésta: con garras, espinazo puntiagudo, ojos llameantes y cuernos.

El Dragón Celestial de tres cabezas era
un dragón tan grande, tan grande,
que llevaba sobre su espalda sin que se le
cayera el gran palacio del gnomo
Emperador.

El Dragón Divino producía los vientos y las lluvias para favorecer las cosechas y la navegación. ¡Menudos pulmones tenía el amigo dragón!

Era un dragón muy apreciado por los gnomos campesinos.

El Dragón Terrestre era el encargado de colocar las montañas, y ordenaba los ríos y los mares. Aunque tenía una fuerza descomunal, que le venía estupendamente para semejante tarea, sólo trabajaba medio día.

¡El otro medio lo necesitaba para reponer energías!

OGROS LADRONES, GNOMOS Y EL DRAGÓN DEL TESORO

En lo profundo de un volcán tenían los dragones todos sus tesoros. Leones y serpientes cuidaban permanentemente aquella fortuna, además del dragón Groak, que siempre estaba al acecho, a la entrada de la cueva.

Nunca había pasado nada y a veces se tomaban algún rato de descanso.

Pero una noche, mientras Groak dormía, llegaron los ogros hasta el volcán y robaron los tesoros.

Cuando el guardián despertó y se percató del robo, voló lleno de furia en dirección al Bosque Mágico.

Creyendo que habían sido los gnomos, el dragón se dedicó a quemar los árboles y los cultivos, secó los arroyos y los ríos, secuestró princesas y hundió barcos.

Los gnomos, al verse amenazados, buscaron un guerrero que hiciera frente al dragón: el gnomo Rojo. Iba vestido de ese color, era astuto y valiente, y ya había demostrado su audacia frente a otros enemigos.

Las flechas de gnomo Rojo están echas con el aguijón de una avispa, untado con veneno de alacrán.

El gnomo Rojo se enteró de que los ogros habían robado el tesoro y que lo tenían escondido en el Desierto de Todomalo. Entonces voló hasta el dragón, le disparó una flecha en el talón y luego le dijo: «¡Que viene el gnomo Jorge!». Más tarde le amenazó con regalarle un helado —los dragones detestan los helados—, hasta que el dragón reaccionó con furia y se lanzó al ataque persiguiendo al gnomo.

El dragón le persiguió hasta el Desierto de Todomalo, en donde estaban los ogros con el tesoro; los atacó y así recuperó lo que buscaba.

Desde ese día los dragones cuidan y ayudan a los gnomos cuando tienen problemas, y los gnomos aconsejan y colaboran con los dragones en cuanto éstos los solicitan.

Cuando bautizan a un dragoncito vierten lubricante sobre su cabecita, para ponerlo a tono con sus otros familiares.

VIDA SOCIAL

Los dragones llevan una agitada vida social. Desde muy pequeños son invitados a fiestas, paseos, reuniones..., y participan en todas las actividades que se organizan en el Valle de los Dragones.

Helados y dulces que regalan a los dragoncitos invitados al bautizo.

Helado de cactus con espinas

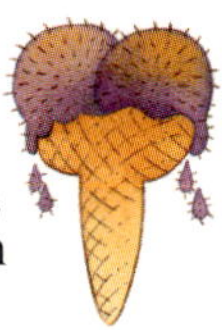

Chocolate en forma de gnomo

Barra de azufre, carbón y nitrato de potasio

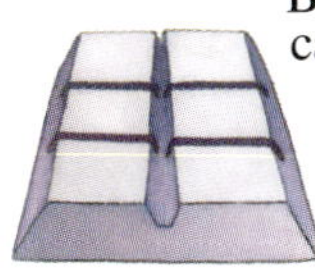

Su deporte preferido es el fútbol. Lo practican con un balón incendiario hecho de un trapo mojado con gasoil.

El dragón es amable y enamoradizo por naturaleza. Cuando consigue novia se dedica a cortejarla, le canta serenatas y le lleva flores espinosas.

Cuando los dos están de acuerdo deciden casarse.

El romance tiene su momento clave cuando se decide el matrimonio. Entonces el dragón debe bajar al fondo de los mares, y buscar diez perlas y diez ópalos.

Esto es un enorme sacrificio para ellos, ya que los seres de fuego no soportan los líquidos sobre su cuerpo, ya que los debilitan hasta la muerte.

Cuando están realmente enamorados se lanzan al fondo del mar y siempre regresan con las perlas y los ópalos.

EL ZOOLÓGICO DE LOS DRAGONES

El zoológico de los dragones está en el Bosque Mágico y es muy especial. Los animales están sueltos, son amigos entre ellos y no hacen daño a los otros habitantes del bosque. Los dragones son sus guardianes y velan por ellos. He aquí algunos de esos personajes.

EL ACUAÑAO

Es un pez volador
que vive en los árboles,
come carne y le tiene
miedo al agua.

El pájaro vuelvoy

Pertenece a una especie muy común en el Bosque Mágico. Es un pájaro que vuela hacia atrás, ya que no le interesa el lugar al que va, sino el sitio donde estuvo antes.

El dadoo

Es otro pájaro cuya peculiaridad consiste en poner huevos cuadrados para que no rueden por las escarpadas laderas de las montañas en donde vive.
Estos huevos los cogen los dragones, los cuecen y los utilizan como dados para jugar al parchís.

El pezep

Es un pez que vive en el Río Interminable, y que nada para atrás procurando que el agua no le entre en los ojos.

El cariñodrilo

Es una clase de cocodrilo de color rosado, muy familiar entre los dragones, y dedicado por completo a escribir historias fantásticas. Vive junto al Mar de los Misterios. Es tranquilo, pero cuando le molestan se pone furioso y es terriblemente malvado.

Los pispirispis

La historia de los pispirispis es de las más interesantes del Bosque Mágico. Se sabe que son suaves, tiernos, pequeñitos, que tienen una vocecita clara y melodiosa, y que se alimentan de besitos y caricias. Cuando un enamorado quiere ofrecerle un regalo muy especial a su amada, toma sus manos con cariño y le entrega un pispirispi. Inmediatamente su corazón se llena de amor.

Están por todas partes; sólo basta desear tenerlos y ya se siente su presencia. Lo único extraño en su historia es que nadie los ha visto. Se sienten, pero no se ven.

Los noplis

Son unos gatitos con alas, muy rápidos y simpáticos. Se alimentan de té y de hierbas aromáticas. Los gnomos los utilizan para viajar sobre su lomo en trayectos cortos.

Pero tienen unos terribles enemigos, los Descorazonados. A estos monstruos les encanta su carne y los persiguen constantemente. Al huir despavoridos, los gatitos suelen gritar «¡noplis, noplis!», y de ahí su nombre. (*¡No, please!* quiere decir *¡No, por favor!*, en inglés.)

LOS GIGANTES

LOS GIGANTES

Era la época en que muchos seres
convivían con los gigantes
en el Bosque Mágico.

¿Cómo llegaron los gigantes?
Ésa es la historia
que vamos a narrar.

Llegaron mientras los gnomos recogían zanahorias. Medían casi ochenta metros de altura y llegaban hasta las nubes.

Los habitantes del Bosque Mágico jamás habían visto tanta destrucción. Los gigantes lanzaban a los gnomos desde 20 o 30 metros de altura, destrozaban los cultivos y robaban las ovejas.

Los gnomos pidieron ayuda a los demás habitantes del bosque: llamaron a los dragones, a las hadas y a los brujos...

Gnomo
periodista

Gnomo
lanzado
al vacío.

Todos se encaminaron al lugar fijado por los gnomos para la reunión, cerca del Árbol de Plumas.

Allí se encontraron los representantes de los dragones, las brujas, los gnomos y las hadas. Eran los más afectados por la llegada de los gigantes y debían tomar una decisión para enfrentarse a ellos.

Acordaron iniciar lo antes posible el ataque contra los gigantes. Cada uno regresó a su país: los gnomos, al bosque; los dragones, al valle; las brujas, a la Montaña de los Misterios y las hadas, a sus flores, para alertar a sus amigos

Pero antes de proseguir esta historia, te vamos a contar la del Árbol de Plumas, tal como se la contó el hada a una gnomita amiga suya.

EL ÁRBOL DE PLUMAS

Antes de la llegada de gnomos, dragones, ogros, brujas y hadas al Bosque Mágico, éste estaba habitado sólo por aves. Era frondoso y acogedor; pero una tarde, el Dragón de Otoño llegó al bosque y acabó con todo el follaje. Sólo un árbol resistió. Y a él se fueron a vivir todos los pájaros del bosque.

Al llegar la primavera, todos los demás árboles se llenaron de hojas, pero el árbol que había protegido a los pájaros en otoño e invierno murió y perdió todas sus hojas.

Desde ese día, los pájaros del Bosque Mágico van a morir al árbol amigo. Y cuando un pajarito muere, nace una nueva pluma en la rama en la que se posó.

ATAQUE A LOS GIGANTES

Muy de mañana, los habitantes del Bosque Mágico se pusieron en marcha.

Los gnomos cabalgaban sobre los dragones, y las brujas sobre sus escobas. Esperaron un buen rato, pero los gigantes no aparecían tras las montañas.

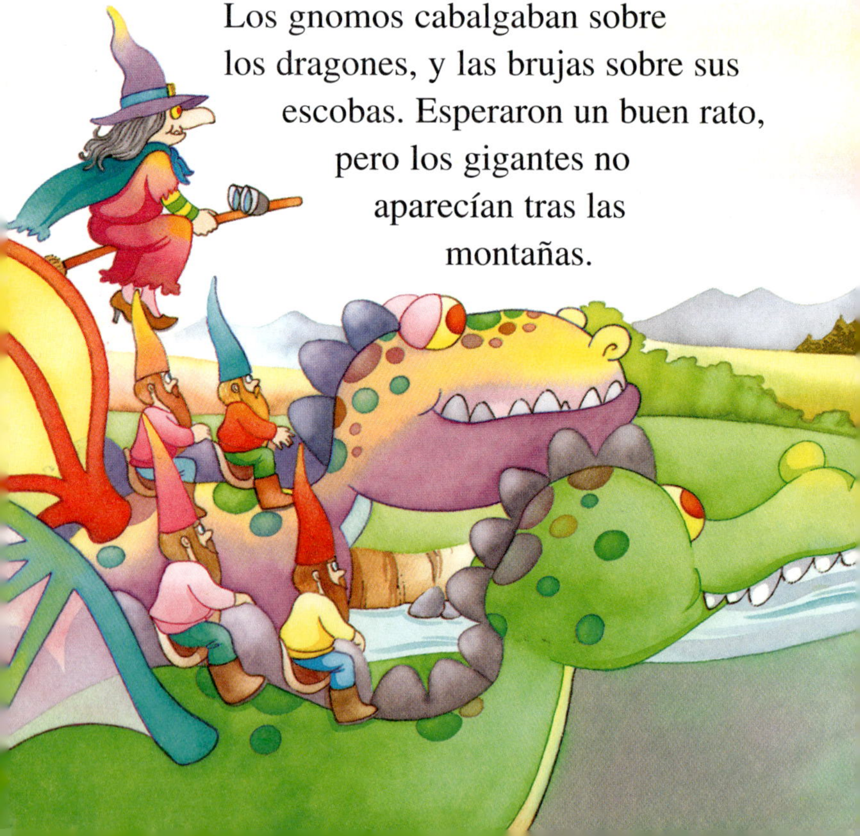

Intranquilos, los gnomos enviaron dos espías para que averiguasen qué pasaba.

Los gnomos espías investigan lo que ocurre al otro lado de las montañas.

Cuando los gnomos espías llegaron a las montañas donde se encontraban los gigantes, vieron que estaban… ¡enfermos! Yacían sobre el campo, recostados en unas colinas, con fiebre y escalofríos. No se podían mover y no tenían a nadie que les prestara ayuda.

Los gnomos regresaron donde se encontraba el gran ejército del Bosque Mágico y comunicaron el estado de los gigantes. Entonces, lo que era un ejército de guerra se convirtió en una caravana de auxilio.

HISTORIAS DE LOS GIGANTES

Después de tres días, los gigantes notaron un gran alivio. Muy agradecidos, prometieron no volver a molestarlos y se marcharon a su país. Pero uno de ellos se quedó ya que habían acordado que cada año un gigante se quedaría al cuidado de todos los habitantes del bosque.

Y el primero en quedarse fue el gigante Gog, quien contó las historias que vas a leer a continuación.

EL ORIGEN DE LOS GIGANTES

El gigante más alto hizo una nube y cogió dos rayos para sostenerla,y luego un diamante para los rayos. Luego un gato para el diamante y un elefante rosa para el gato, una abejita para el elefante, una flor para la abejita, un planeta para la flor y un gigante para el planeta.

Así nació el primer gigante, para sostener todos los seres, plantas y elementos de la Tierra.

LA FAMILIA

Los gigantes se dividen en grandes familias y cada una vive en su propio país: los Gigantes de las Nubes viven en castillos sobre las nubes más altas y espesas; los Gigantes de los Cuentos suelen venir a la Tierra para correr las aventuras de los cuentos infantiles. Algunos no se portan bien y asustan a los niños.

Otras familias son: los Pies Planos, que viven en el desierto sin montañas; los Gigantes de Metal, que son de hierro, bronce y oro, y de los cuales sólo sobreviven tres; los Gigantes del Mar, habitantes del fondo misterioso de los mares, y por último están los gigantes más comunes, los Silvestres, que habitan en bosques inmensos y son tiernos y amables. De estos últimos vamos a hablar ahora.

LOS GIGANTES SILVESTRES

Son los más comunes. Suelen ser tranquilos, reposados y cariñosos. Se casan jóvenes y tienen muchos hijos. Llevan una vida familiar muy apacible y ordenada. Los Gigantes Silvestres sólo comen árboles, plantas y piedras.

COMIDA DE LOS GIGANTES

Aguas termales
con sabor a azufre.
Las consiguen en el
supermercado de los dragones.

Plato de arena de mar con
palmeritas. Es exótico y muy
apreciado por los gigantes.

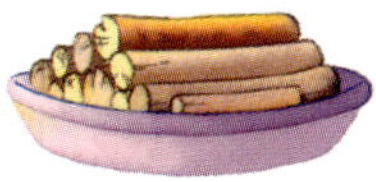

Tronquitos de roble

Losas de mármol.
Las untan con barro fresco
para el desayuno.

Gigante del Mar cuidando
el cultivo de palmeritas
para preparar el plato de
arena de mar.

LOS GIGANTES ENAMORADOS

El gigante, para mostrar a su amada su cariño por ella, debe contarle la historia más bonita del mundo. Por ejemplo…

Eran los tiempos en que el País de los Gigantes Silvestres estaba cubierto por una niebla gris. Todos se marcharon y sólo quedaron algunos gigantes.

Uno de ellos estaba muy enamorado de una giganta que se encontraba enferma de tristeza.

Entonces el gigante cogió una tela inmensa y se hizo una capa. Sobre ella tejió con hilos de oro un sol resplandeciente. Extendió la capa y el sol brilló por todo el país.

Cuando se dio la vuelta, dejó ver el otro lado de la capa, sobre la cual había tejido con hilos de plata la luna y las estrellas.

Ése fue el regalo para su enamorada: el día y la noche, la vida y la alegría.

EL HOGAR

Los gigantes son muy hogareños. Después del trabajo, van a casa, juegan con sus hijos y charlan con su esposa. Algunas veces salen a visitar a los amigos, pero lo más usual es quedarse al calor del hogar.

El programa de televisión que más les gusta es el de los Seres del Mundo Real, una serie de ciencia ficción.

Los gigantes son muy aficionados al ajedrez. Estos juegos se llevan a cabo sobre unas mesas de piedra.

Los gigantes tallan juguetes en piedra a sus hijos, pero éstos luego los dejan por ahí, tirados en la arena.

EL TRABAJO

Los gigantes son agricultores. Cuando necesitan arar y sembrar un campo se calzan sus gruesas botas y simplemente pisan el lugar escogido; inmediatamente queda arado. Luego otro gigante lanza los árboles desde lo alto y los clava en el campo.

Cuando los gigantes empiezan a sembrar, todos los habitantes de la zona se trasladan lejos, huyendo del peligro. «Morir de un pisotón» es un dicho muy popular entre los habitantes del Bosque Mágico y se aplica a los tontos desprevenidos.

Gigantes haciendo surcos
en la tierra, sin esfuerzo.

Cuando los gigantes huyeron del Mundo Real y pasaron al Bosque Mágico, dejaron campos cultivados, muy grandes, en África, el Amazonas y algunas zonas de Asia.

GIGANTES PELIGROSOS

Los Gigantes Silvestres, como sabes, son buenos. Cuando causan daño es sólo por accidente, o por jugar un poco.

Pero hay gigantes muy peligrosos, que viven en las cercanías del Bosque Mágico o que han pasado al Mundo Real y se dedican a hacer daño. Éstos son los que aparecen como MUY PELIGROSOS en la lista negra de los gigantes.

Gigante de Metal capturando a un matrimonio de dragones, a los que utilizan para soldar metales.

Nace en el fondo de las minas de oro, se alimenta de carbón, hierro y cobre. Es destructor. Cuando escarba en la tierra para buscar alimentos, produce los terremotos.

Tiene pies de barro. Sus enemigos se los mojan para hacerle caer.

Estos gigantes viven, como su nombre indica, en las nubes. Son silenciosos y malvados. Acostumbran a lanzar rocas desde lo alto y toda clase de desechos.

Siempre están sucios y malolientes. A su paso van dejando un tufo inaguantable.

Dragón detenido
en pleno vuelo
por un gigante.

Los dragones, en sus frecuentes vuelos, los rehuyen, porque los Gigantes de las Nubes los atrapan, les cortan las alas y los lanzan desde lo alto.

Muchos de los vuelos comerciales de los dragones han tenido un trágico fin por esa causa.

De los Cuentos

Los Gigantes de los Cuentos eran Gigantes Silvestres en su mayoría, que se sintieron atraídos por la fama y entraron al Mundo Real a través de los cuentos infantiles y leyendas mitológicas.

Estos gigantes salían silenciosamente del País de los Dragones, cruzaban el Río Interminable y entraban en el Mundo Real en busca de cuentos para adentrarse furtivamente en ellos. Seguro que tú ya conoces a algunos de estos gigantes.

Por ejemplo, el gigante del cuento «El gato con botas», que no fue capaz de adivinar las intenciones del gato.

Para demostrar sus poderes, se transformó en león, y luego en ratón; y en ese instante el gato dio un salto y se lo comió.

El peligro que causan estos Gigantes de los Cuentos es que hacen quedar mal a los otros gigantes.

Este gigante tenía lengua de serpiente, su cuerpo era redondo y cubierto de pelos verdes entre los que sobresalían unas espinas venenosas.

Las patas, inmensas, estaban cubiertas de escamas y tenía una cola larga con púas, que utilizaba para matar a las víctimas.
Os podéis imaginar el espanto que producía.

El peludo se escondía entre los árboles y esperaba el paso de las princesitas y de los niños, los atrapaba y luego se los llevaba a su cueva para… ¡devorarlos!

Gigante Peludo
acechando a un par
de princesitas.

EL GIGANTE DEL BOSQUE MÁGICO

Cuando los gigantes se fueron del Bosque Mágico, ya curados, uno se quedó a vivir con los habitantes del bosque. Pero tenía muchos problemas: el recipiente de la sopa, la ropa de su talla… Los gnomos y los dragones se dieron cuenta, y empezaron a trabajar para encontrar alguna solución.

Las gnomitas tejieron con juncos ropa para el gigante. Y el gnomo carpintero fabricó botones en madera.

Los dragones fundieron cuchillos para el gigante, así como tenedores y cucharas.

Gnomo grabando el nombre del gigante en la cuchara.

El gnomo mago, Gnomagux, inventó una sustancia mágica para hacer crecer los alimentos.

Preparaban la comida para el gigante y la rociaban con la sustancia mágica. Así, los alimentos crecían y crecían…

Los gnomos también construyeron acueductos para llevar agua del Río Interminable al Bosque Mágico.

Un dragón trae las losas
de mármol que tanto
les gustan a los gigantes.

Mientras el gigante preparaba la comida, un gnomo vertía las especias para condimentarla.

LOS CÍCLOPES

Hubo un tiempo en el cual una gran cantidad de ogros, gnomos, dragones y gigantes emigraron lejos, muy lejos, al País de la Mitología.

Allí fue a parar un gigante malo y egoísta llamado Polifemo.

Polifemo era un gigante con un solo ojo en mitad de la frente que vigilaba los tesoros de los gigantes montado en un monociclo. Cuando él y su familia llegaron al País de la Mitología, trabajaron en su propia mina de oro.

Pero eran malvados y acababan con las montañas y destruían los bosques, mataban animalitos y quemaban pueblos.

Eran muy temidos, y sus enemigos eran los grifos, que sólo querían robar el oro que poseían los cíclopes.

Una vez, en una noche oscura...

Atacaron los grifos, animales mitad águila y mitad león. Volaban hasta lo más alto, eran tan grandes como cien leones juntos y sus garras eran de acero.

Se lanzaron sobre Polifemo, le sacaron el ojo de la frente y le robaron el oro.

Éste fue el trágico final de Polifemo, el cíclope. Años más tarde, su hijo creció y se hizo cargo de la mina de su padre. Pero era igual de malo.

Un día llegó un viajero llamado Ulises y le quemó el único ojo con una antorcha encendida. Ése fue el fin de los cíclopes.

LOS GNOMOS

ASÍ EMPEZÓ...

Una noche de luna llena llamaron a mi puerta. Abrí y cuál sería mi sorpresa al descubrir, al pie de un voluminoso paquete, a un diminuto personaje, que dijo:

—Nosotros, los gnomos, hemos recopilado los cuentos y leyendas de nuestro pueblo en este libro, el *Codex Gnomagicum*. Léalo detenidamente y con interés. Es nuestra verdadera historia.

DE DÓNDE VIENEN

Al principio sólo eran cinco. Uno era Gnomagux, el mago, que se dedicaba a inventar toda clase de mejunjes.

Una tarde quisieron jugar al fútbol y tuvieron que acudir a Gnomagux para que les consiguiera más compañeros. Él dijo que en unos días tendrían más gnomos para jugar.

Gnomagux escogió los ingredientes necesarios pero, como era muy despistado, cambió algunos.

Después, Gnomagux se dirigió a un árbol y se encerró en su tronco. Sus cuatro amigos, Acuagnomo,Terragnomo, Fuegnomo y Airgnomo, lo esperaban fuera impacientes.

Al séptimo día se oyó un estruendo y muchas risas, y empezaron a salir gnomos del árbol, y tras ellos… ¡las gnomas! Así fue cómo el Bosque Mágico se llenó de gnomos.

EL AMOR ENTRE LOS GNOMOS

Cuando un gnomo decide casarse, se lo dice a la gnoma y, si ella acepta, pasan un largo tiempo de noviazgo, para conocerse mutuamente.

El gnomo tiene especial predilección por las mejillas de las gnomas y se siente muy feliz al acariciarlas.

Al final, para que se celebre la boda, el gnomo debe traer una estrellita fugaz, que entregará a la novia como símbolo de su amor.

LA BÚSQUEDA DE LA ESTRELLITA

Érase una vez un gnomo, enamorado de una bella gnomita, que debía ir en busca de la estrellita fugaz.

El gnomo cogió su mochila y se marchó hacia el Bosque de los Sueños, donde se consigue lo que se busca con tesón.

La sexta noche, el Airgnomo vio a su estrellita fugaz caer sobre el bosque y hacia allí se encaminó rápidamente.

La estrellita cayó en las ramas de una acacia, pero el gnomo subió hasta allí y movió las ramas para que cayera al río.

En el río la recibió el Acuagnomo, el gnomo del agua, que la acompañó un largo trecho, para situarla cerca del gnomo enamorado.

Un tucán amigo, que bebía agua en el río, la tomó con su gran pico y...

… la llevó volando
hasta el lugar
en donde se
encontraba
el gnomo
enamorado…

Éste, radiante de
alegría, silbó para
llamar al unicornio,
que acudió
al instante.
Y cabalgó luego
a través de la noche
para llegar a la casa
de la gnomita, que
esperaba anhelante.

¡Ya se podían casar!

ATAQUE A LOS GNOMOS

Una tarde se escuchó un ruido espantoso en el bosque. Del desierto de Todomalo venían los Descorazonados y Bruscodontes, seres perversos que se habían propuesto acabar con los gnomos.

Desde una colina, Gnomagux y Gnomo Corazón de León discutían la estrategia para salvar el Bosque Mágico.

Los Descorazonados avanzaban montados sobre los aterradores Bruscodontes, arrasándolo todo a su paso. Nadie podía detener su marcha. Sólo les importaba conquistar el bosque y ser ellos los dueños de todas las tierras.

Fotografía del momento en el que discuten la estrategia que van a seguir.

Los gnomos y sus amigos se prepararon para el combate. Todo se puso a punto para la batalla mientras el escuadrón de reconocimiento buscaba los puntos débiles del enemigo.

Gnomos del escuadrón de reconocimiento.

Consiguieron muchas fotografías y datos importantes para el encuentro definitivo, aunque, por desgracia, uno de los pilotos cayó prisionero.

En un claro del bosque seguían los preparativos de los gnomos: poner en funcionamiento todas las armas disponibles para la inminente lucha.

Gnomo camino del combate
con los proyectiles
tranquilizantes.

Gnomo listo para lanzar
las bombas corazón.

Lugar para el piloto

El ataque de
los gnomos con
la máquina Arco Iris.

Había llegado la hora del combate: las escuadras de gnomos se lanzaban sobre los atacantes, al igual que los bombarderos de corazones, pero todo fue inútil.

Gnomagux trató de convencer al Jefe Descorazonado de que se rindiera.

Pero éste, enfurecido, continuó la guerra... Entonces se lanzó la última oleada de gnomos con el arma secreta.

Lanzamiento de los primeros bombardeos de corazones.

Los gnomos esperan
a que Gnomagus tenga
una brillante idea.

De pronto, les salieron moñitos en la cabeza a todos los monstruos. El Arco Iris de esperanza, que apareció al final de la tormenta, les dio la victoria a los gnomos sobre los Descorazonados.

Gnomagux da
el último toque
a la sustancia mágica.

Éstos, al verse con lacitos en la cabeza, estallaron en carcajadas… Los gnomos los habían bombardeado con corazones llenos de amor y los ataban con cuerdas de Arco Iris.

Muertos de risa, regresaron al Desierto de Todomalo y nunca más volvieron a molestar a los gnomos.

LAS ARTES

A lo largo de los siglos, los gnomos han creado una gran cantidad de obras de arte. Cuando un artista gnomo termina su obra, busca a un hombre como él y se la describe mientras duerme.
El hombre, luego, la realiza a su modo.

Escena del gnomo pintor dando
los últimos toques al cuadro
«Las Gnominas».

En algunos casos, los gnomos entran en contacto con los hombres para intercambiar ideas y proyectos.

El gnomo de la mano
en el pecho.

LEYENDAS

La historia que aquí se relata pertenece a los gnomos del Amazonas y se llama «la leyenda de la Victoria Regia».

La Victoria Regia es una flor que nace de una planta acuática que los gnomos usan de barco para cruzar el río.

Decían que la luna era
un gnomo de plata, que
se casaba con las
gnomas que lograban
atraparlo, y que las estrellas
eran sus hijos.

Una gnomita recorrió toda la selva
preguntando por él. Todos le dijeron
que querían ayudarla, pero no sabían
cómo llegar tan alto.

Triste y desconsolada caminaba
todas las noches por la
espesa selva y regresaba a
su casa al amanecer.

Pero una noche, vio al gnomo de plata en el río. Sin dudarlo se acercó a él. Se casaron y tuvieron hijos. Un día, la gnoma bajó para bañarse en el río y se ahogó.

La luna, que se sentía culpable, convirtió su cuerpo en una hermosa flor, la más linda y grande de todas las del río: la Victoria Regia.

EL DRAGÓN DE NEÓN

Ésta es la historia de Sir Gnomot en busca de una princesita, prisionera del rey de los dragones, el Dragón de Neón.

Sir Gnomot se encaminó hacia el reino de los dragones.

MAPA DEL PA

BOSQUE MÁGICO
País de
los Gnomos
BOSQUE DE LOS SUEÑOS
ÁRBOL DE GNOMOS
Sirgnomos en
su unicornio
LAS BRUJAS
OGROS
Ogros jugando al
tenis con un
gnomo capturado.
Sauna

E LOS GNOMOS

Límite con el Mar de
la Gran Tempestad
RÍO INTERMINABLE
Volcán
de la
Furia
DESIERTO DE
TODOMALO
País de los
Descorazonados
y Bruscodontes
NEÓN
GIGANTE

Según la leyenda, el Dragón de Neón era terrible. Su fama de violento y sanguinario era de todos conocida.

Muchos gnomos habían fracasado en su intento de acabar con el dragón, que coleccionaba sus gorros puntiagudos como trofeo.

Eso sí, el dragón llevaba una vida familiar ejemplar: su mujer y sus tres hijos lo adoraban.

CALOR DE HOGAR EN LA FAMILIA DEL DRAGÓN

El dragón es romántico por naturaleza. En este dibujo vemos a la esposa de un dragón agradeciéndole el hermoso cardo espinoso que le ha regalado. Él le canta «Besos de fuego me da tu boca…»

En los dragones está muy desarrollado el instinto maternal.

Los gnomos
pueden levantar
grandes pesos.

Este oasis de paz, tierno y acogedor, sólo estaba empañado por algo terrible: el Dragón de Neón tenía prisionera a la princesita gnoma y nadie había sido capaz de liberarla. Ésa era, pues, la misión de sir Gnomot: rescatar a la princesa y llevarla sana y salva al Bosque Mágico.

Gnomot llegó a la cueva, despacito, cogió al dragón por la cola y… lo elevó por los aires dándole vueltas hasta marearlo.

Una vez vencido el dragón, sir Gnomot rescató a la princesa gnoma… que era bellísima.

LAS HADAS

LAS HADAS

Las hadas son las criaturas más hermosas y queridas del Bosque Mágico, y también las más perseguidas. Todas las historias de hadas de este libro fueron recopiladas por los gnomos.

Casa de hada, en una flor

Era la época en que gnomos, dragones, brujas, ogros y hadas convivían en el Bosque Mágico. Los más bondadosos eran las hadas.

Los gnomos escribieron una historia muy completa sobre ellas.

CLASES DE HADAS

Existen hadas de todos los tamaños, formas y colores. Vamos a hablar un poco de los rasgos más importantes de cada una de ellas.

Hada buena

Es la más pequeña. Vive en las flores y su vestido está hecho con polvo de estrellitas. A veces no notamos su presencia, pero cualquier día, te encontrarás alguna en una flor.

HADA MADRINA

Es la más vieja. Suele cuidar de los pequeños gnomitos y dragones. Algunas viven en el Mundo Real para cuidar niños.

Su vestido está hecho con nubes azules de diversos tonos.

HADA VANIDOSA

Es un hada muy bella y elegante, pero muy vanidosa. Se viste muy bien, con trajes de los grandes diseñadores de moda, de color rojo o rosa fuerte, para no pasar inadvertida. Le gusta mucho ir a fisgonear al Mundo Real. A su paso va dejando una estela de corazoncitos para enamorar a los ingenuos.

Hada protectora

Es buena y vela por sus protegidos en todo momento.

Viste con los colores del Arco Iris y proporciona seguridad y tranquilidad.

Hada del tiempo

Se preocupa del tiempo de los habitantes del bosque. Si alguien necesita unas horas más de luz, ella las consigue. Si alguien quiere dormir más, le regala un par de horas más de noche…

Viste de aire y destellos de sol.

PINOCHO Y EL HADA

Los gnomos cantan una cancioncita a sus hijos para explicarles lo buenas que son las hadas. La canción habla de Pinocho.

> Hasta el viejo hospital de los muñecos llegó malherido Pinocho. Un cruel espantapájaros le había atacado.

Pinocho quiso defenderse, pero era muy pequeño y no pudo.

El pobre Pinocho, que era de madera, estaba hecho una pena: con la nariz rota, una pierna astillada y una lesión interna, que el médico no advirtió.

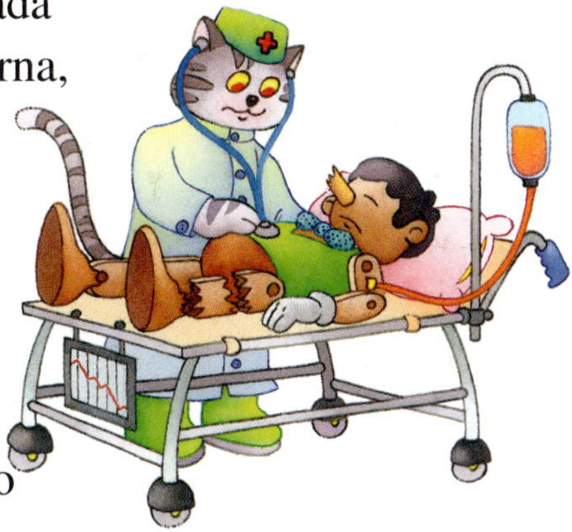

Permanecía inconsciente en una cama.

Un viejo cirujano le atendió y dijo: «No hay remedio; le falla el corazón».

El osito, su compañero de habitación, estaba muy preocupado por él y le intentaba dar ánimos.

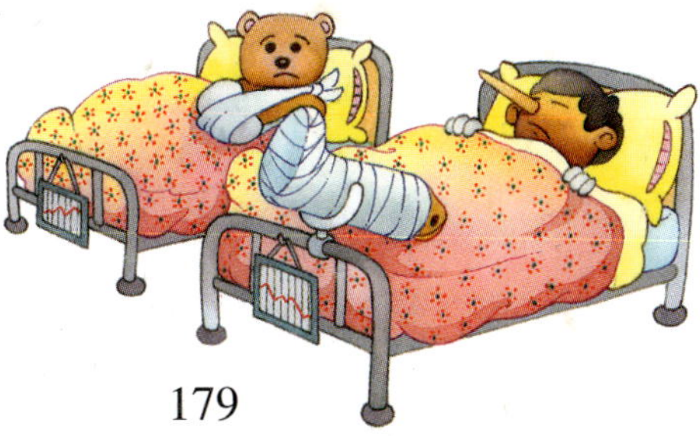

El caso es que Pinocho estaba grave y el viejo cirujano no sabía qué hacer.

Entonces apareció un hada protectora y le puso a Pinocho un corazón de repuesto. Así, el muñeco volvió a disfrutar de la vida.

Todo el mundo conoce la bondad de las hadas protectoras y se acuerda de ellas cuando necesita algo. Si se piensa con toda la fuerza de la mente para que vengan, ellas aparecen.

LOS TEMIBLES ELFOS

Los Elfos son enemigos de las hadas y de los gnomos. Son diminutos y causan daño sin ningún motivo.

Rapto en el cine

Una vez, durante una proyección en el Teatro del Bosque Mágico, raptaron a unas haditas.

Después de capturarlas, les quitaron los vestidos, para extraer el polvo de estrellas que luego venderían a los ogros. A las haditas les dieron unas túnicas de tela de saco y las dejaron libres.

Las hadas ya no podían soportar más a los elfos, así que planearon, junto con los gnomos, un ataque estratégico.

Cuando llegaron a la cueva de los elfos, éstos estaban ocupados en su Máquina de Moler Vestidos, extrayendo el polvo de estrellitas.

Las hadas, con su varita mágica, tejieron una gran red y la llevaron por los aires atrapando con ella a todos los elfos que encontraron a su paso.

Por esta vez, los elfos fueron derrotados por las haditas, pero no por eso escarmentaron.

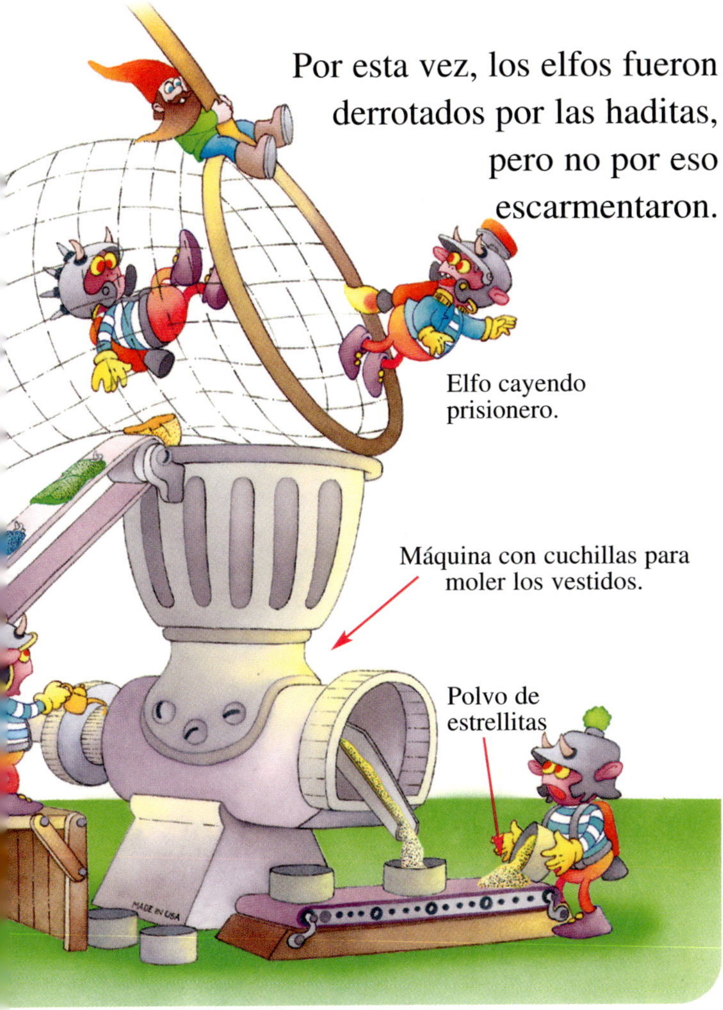

LA VIDA DE LAS HADAS

Las haditas solteras viven en las flores. Una vez casadas, construyen su vivienda con hilos de plata en el Jardín del Bosque, un lugar que sólo conocen ellas y al que nadie ha podido llegar jamás.

Las haditas se dedicaban a vender polen a las abejas y éstas, a cambio, les daban miel. Así se hacían un mutuo favor.

Gnomo enamorado de la hadita,
pero no correspondido.

CASA FLOR

EL HOGAR DE LAS HADITAS

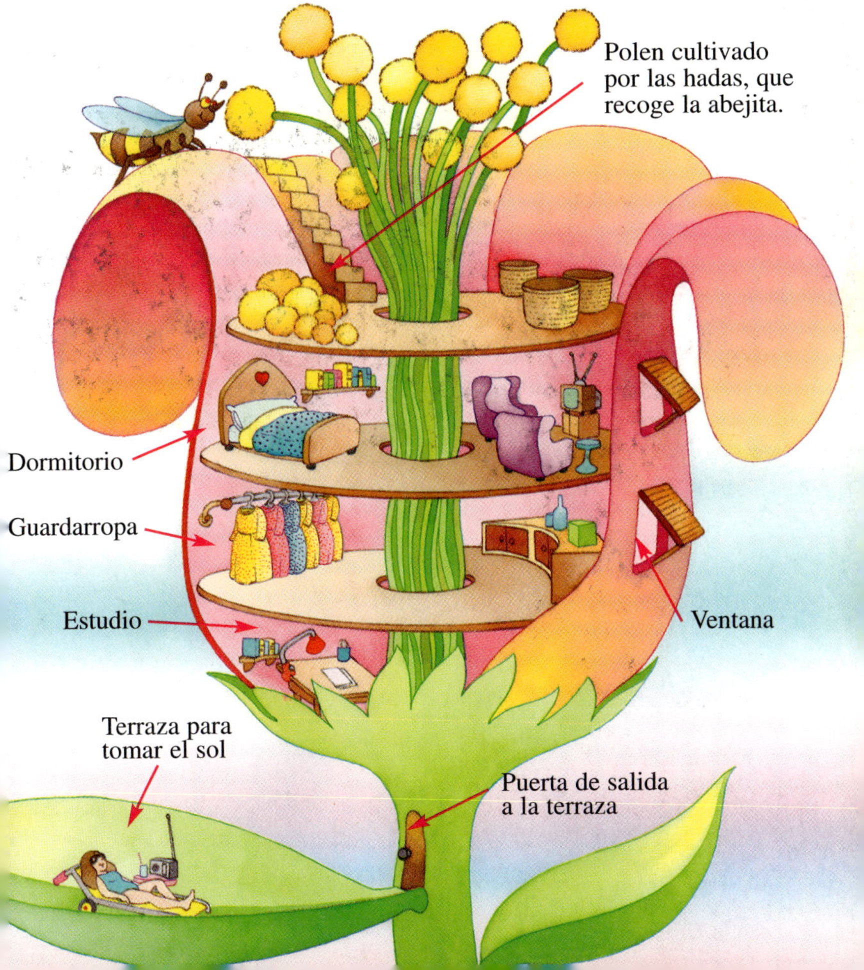

LAS HADAS ENAMORADAS

Las hadas son muy enamoradizas. Los gnomos suelen enamorarse perdidamente de las haditas pero ellas se hacen de rogar. Es muy difícil que den el sí a la primera. Hasta tal punto que algunos gnomos llegan a desmayarse.

LOS TROLLS

En lo más profundo de la Tierra viven unos seres malvados y horribles: los trolls.

Tienen una cabeza descomunal, ojos enormes, entrecerrados, dientes afilados y cuerpo de serpiente, brazos largos y delgados, y uñas puntiagudas con veneno.

Los trolls fabrican un licor espeso y maloliente en las profundas cavernas donde habitan. Luego se lo venden a los ogros. Pero su receta incluye a las haditas como ingrediente. Por eso, los trolls salen de noche y van al Jardín del Bosque, para capturar a las hadas.

Incursión de los trolls en el barrio de las hadas buenas.

Noche terrorífica para las hadas

Hadas escapando. Su diminuto tamaño les ayuda.

Para los trolls, cualquier noche es buena, con tal de capturar muchas hadas.

Esta vez, las hadas que consiguieron escapar volaron en busca de ayuda.

Rápidamente, las hadas se reunieron y volaron hasta las profundidades de la Tierra para salvar a las que habían caído prisioneras. ¡Ya estaban en la batidora!

Entonces rociaron con sus estrellitas a los trolls y los convirtieron en tartas.

…¡Y todas las haditas quedaron libres!

Los trolls que lograron escapar se escondieron entre el barro.

La tranquilidad
volvió al Jardín
del Bosque y las
haditas continuaron
su vida alegre
y sus buenas
costumbres.

LA VARITA MÁGICA

Es el instrumento más importante en la vida de las hadas. Con él pueden realizar todo tipo de buenas acciones.

A los siete años, sus padres les regalan una varita de principiantes, para practicar sin riesgo.

A los quince, en el baile de la Gran Fiesta, les regalan la varita definitiva.

CLASES DE VARITAS

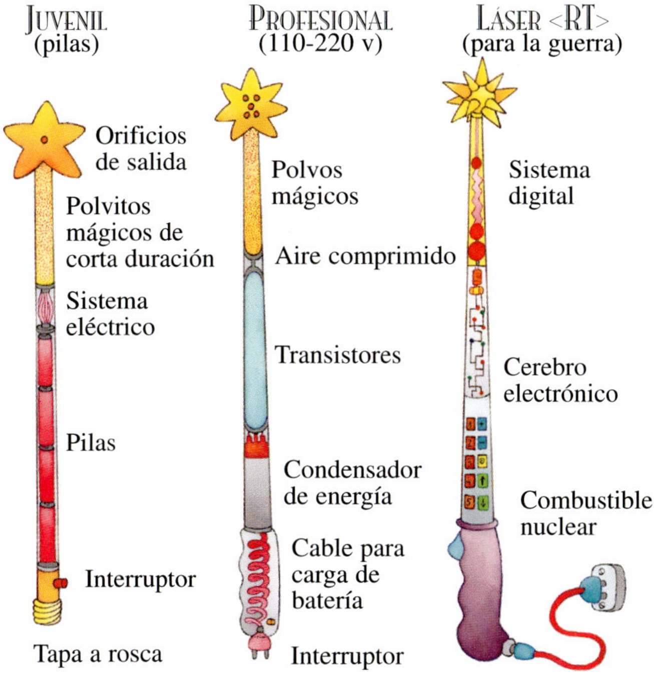

HADAS FAMOSAS

LA FEA DURMIENTE Y SUS HADAS

Hace muchísimos años, el rey Ogro y la reina Ogra tuvieron una hijita, bizca, con orejas puntiagudas, dientes afilados, piel arrugada y uñas torcidas.
¡Una hermosura!

Todas las hadas fueron a palacio a regalarle sus dones a la niña: envidia, vanidad, grosería, pereza, gula, avaricia…

Pero un hada le regaló a la niña un futuro espantoso, lleno de felicidad al lado de un príncipe azul. ¡Horror!

Sin embargo, aún faltaba un hada, y ésta, al ver el dolor de los ogros, decidió que sólo serían felices durante cien años, y el resto de la vida, dormirían.

LAS HADAS TRISTES

Se llaman así porque se pasan todo el día llorando. Pero las lágrimas que derraman se convierten en hermosas perlas.

Los ogros, al enterarse de esto, fueron a capturarlas… Se acercaron al sitio donde había una llorando y… ¡la agarraron y la metieron en una bolsa!

Luego regresaron a su país. Querían entristecer mucho a su prisionera para que produjera muchas perlas.

Al principio lloró con desconsuelo hasta que, de pronto, dejó de llorar. No se oía nada. El ogro abrió la bolsa, pensando que encontraría muchísimas perlas. Pero sólo encontró lágrimas. El hadita había desaparecido.

Cuando no lloran de forma espontánea, las lágrimas no se convierten en perlas.

LAS NINFAS

Estas haditas vivían
en un frondoso y
enorme árbol.
Cuidaban de los
árboles, las plantas
y las flores, para que
estuvieran contentas
y dieran muchos
frutos.

Pero una noche llegó la tempestad
y el viento hizo caer a las hadas del árbol.

No tuvieron más remedio que dejarse
llevar por el huracán.

Las hadas fueron lanzadas hasta
el mar y entonces apareció el
Gnomo del Mar y las rescató,
delicadamente, con su mano.

Desde ese día las haditas fueron llamadas
Ninfas y se quedaron a vivir en el agua.
Ahora cuidan del mar, de los ríos
y de sus habitantes.

EL COMEHADAS

Vive en el Jardín del Bosque Mágico. Es mitad animal, mitad vegetal. Su boca parece una flor, pero con dientes, y su lengua es larga para atrapar a las hadas. Se esconde entre las hojas y, cuando pasa una hadita a su lado… ¡zas!, saca la lengua y se la traga.

El Comehadas también come gnomos, pispirispis y elfos. Pero lo que más le gusta es comer hadas, que son más dulces.

Cuenta la leyenda que una noche de verano las haditas le hicieron tragar un tronco con espinas, y que desde ese día el Comehadas no las volvió a atacar.

LOS DRAGONES

Un día surgió en el Bosque Mágico un conflicto tremendo: había nacido un dragoncito de color rosa.

Su papá, un dragón verde, estaba muy preocupado. Las haditas se reunieron para ver qué podían hacer para que el dragoncito se volviera verde.

Le prepararon una ensalada de hierbas verdes, que el dragoncito se comió enseguida, pero nada, seguía rosa.

Le dieron zumo de espinacas, pero sin resultado…

¡Nada le hacía cambiar de color!

Las haditas ya no sabían qué hacer para cambiar el color del dragoncito

Finalmente, una de ellas, que tenía fama de ser la más sabia del lugar, lo cogió en su regazo y con mucho cariño le dijo que ése era un bonito color, que ningún dragoncito lo tenía, y que por eso debía estar orgulloso y no triste.

Entonces, el dragoncito se sintió feliz de ser diferente, y orgulloso de ser el único dragón de color rosa.

Y volvió a jugar con sus amigos sin ningún complejo. Y sus compañeros de juegos le aceptaron encantados, porque tenían un amigo que era único.

LOS DEPORTES

EL BALÓN-FLOR

Es el deporte más practicado por las haditas. Utilizan dos flores como canastas y una bolita de cera. Este juego ha pasado al Mundo Real con el nombre de «baloncesto».

Carreras de unicornios

Es un deporte minoritario, pero muy conocido. Se practica en primavera. Las haditas cabalgan sobre las nubes recogiendo banderitas de colores. Gana la que recoge más banderitas.

Pinchar elfos

Es un pasatiempo que requiere buena puntería y que les divierte mucho a las haditas, pero nada a los elfos.

Se utilizan para este deporte púas o espinas de rosal.

LA GRAN TORMENTA

Una noche cayó del cielo tanta agua que los ríos se desbordaron y el mar se agitó con olas más altas que el más alto de los árboles. Entonces, todos los habitantes del Bosque Mágico tuvieron que buscar refugio. Y las haditas ayudaron a muchos gnomos, dragones y animalitos a buscar un nuevo bosque.

Los dragones eran los
que más peligro
corrían: el agua baja
la temperatura de su
cuerpo y pierden la
fuerza.

Pero en ese preciso
instante llegaron las hadas…

… y con sus varitas mágicas crearon
un barquito de estrellas en el que
montaron a sus amigos y se los llevaron
a otro lugar, lejos del Bosque Mágico.

LOS OGROS

LOS OGROS

Antes de la Invasión de los Ogros, el bosque vivía en una calma casi total, sólo perturbada, a veces, por las correrías de brujas o los juegos de dragones y gigantes. En cuanto los gnomos vieron aparecer a lo lejos a los primeros ogros, presintieron que nada bueno iba a ocurrir…

Llegaron como si fueran los únicos habitantes del Bosque Mágico.

Eran muy grandes y se creían poderosos. Los gnomos, a veces con ayuda de los demás, no tardaron en idear distintas estrategias para evitar los daños que causaban.

Los ogros avanzaban en fila en busca de un lugar en el que establecerse y el que más les gustó fue justo la parte más frondosa y espesa del hermoso Bosque Mágico… ¡donde vivían los gnomos!

Éstos enviaron una comisión para hablar con ellos y pedirles que buscaran otro lugar para vivir...

Pero los ogros amenazaron a los gnomos nada más verlos.

La situación, pues, era problemática. ¿Cómo lograrían expulsar a los ogros de aquellas tierras?

Los gnomos intentaron todo: un ataque por sorpresa, un acuerdo, un ataque de frente, hasta que dieron con la solución.

Construyeron un dragón gigante de madera y se lo regalaron a los ogros, como rendición. Pero en su interior había más de cien gnomos esperando para llevar a cabo la segunda parte del plan.

Los ogros se pusieron muy contentos y organizaron una fiesta en la que bebieron mucho vino.

Estaban deseosos de acercarse a aquel juguete que les habían llevado. Pero el gnomo que lo cuidaba les dijo que sería suyo cuando acabara la fiesta.

Terrorífica boca que entusiasma a los ogros.

A medianoche, los gnomos salieron por la boca del dragón… Los ogros estaban durmiendo y no se dieron cuenta de nada.

Los gnomos ataron a los ogros y los dragones los llevaron volando a la Montaña de las Mil Cavernas.

Cuando despertaron estaban en las cavernas. Al principio se disgustaron, pero luego decidieron quedarse allí.

En pocos días, estaban ya instalados, tenían todos los muebles y hasta habían comprado electrodomésticos.

LAS COSTUMBRES

Adoran la suciedad. Por las mañanas Mamá Ogra riega de basura toda la casa.

Antes, los ogros eran carnívoros. Pero ahora, y debido a la dificultad en encontrar gnomos y haditas, se han pasado a la dieta vegetariana.

Éstos son los platos preferidos por los ogros: el «estofado de gnomos y haditas» y el «dragón a la naranja».

EL AMOR

Cuando un ogro se enamora, le regala a su novia adornos y hebillitas para el pelo.

Cuando el ogro decide casarse, debe pasar una prueba: inventar los monstruos más horribles para que su novia se divierta y le acepte como esposo.

LAS MASCOTAS

Los monstruos que inventan los ogros tienen la propiedad de convertirse en sus mascotas. Cuando alguien visita la casa de un ogro, aparecen paseando por todas las habitaciones.

EL DOSENUNO

Es un pájaro que tiene una cabeza en cada extremo. Sus melodías calman a los ogros.

EL OREJITORRINCO

Su principal característica son dos inmensas orejas y una boca en medio del cuerpo. Cuidan las casas.

EL DRAPEZ

Se trata de una mascota muy apreciada entre los ogros. Es mitad dragón, mitad pez.

Vive en árboles de los jardines de los ogros.

EL ATRASTRÁS

Es la más extraña. Siempre está detrás. Aunque una persona se dé la vuelta para mirarlo, nunca lo ve, porque siempre está detrás. Nadie sabe cómo es, pero ahí está.

EL CUERDAPLUMA

Es pequeño y en lugar de pico tiene una especie de cuerda o soga, que utiliza para atrapar a sus víctimas, pequeños insectos. Es una grave amenaza para los gnomos, pues los envuelve con su lengua y los devora. Cuando logran capturarlo, usan esa cuerda para fabricar paracaídas y sogas de gran resistencia.

LOS OGROS TRAMPOSOS

Son crueles con sus enemigos y no ahorran esfuerzos ni trampas a la hora de capturarlos.

Para capturar haditas, el ogro se esconde y se pone en la boca una bonita flor… Cuando el hadita se acerca… ¡glub!, el ogro cierra la boca y se la come.

CAZA DE GNOMOS

Uno de los deportes favoritos de los ogros es jugar al tenis con dos raquetas y un gnomo.

Para capturarlos, preparan una manzana con miel y, cuando éstos la muerden, ¡se quedan pegados! y así los ogros los capturan. Como ves, los ogros no son tan tontos.

EL JARDÍN DEL HORROR

En la Isla de los Horrores está la Caverna de Dracogro, cuya afición principal es salir a pleno sol a capturar gnomitos y haditas mientras juegan en la playa.

Los gnomos acuden allí a pasar las vacaciones por su buen clima, cristalinas aguas y bellos paisajes.

Un día de sol,
varios gnomitos
y haditas jugaban
en la playa cuando
apareció volando el
Dracogro en su ala delta
y silenciosamente los capturó y se los
llevó a su oscura caverna.

Los padres de los gnomitos y haditas secuestrados se reunieron inmediatamente para ir a rescatar a sus hijos.

A lo lejos, brillaban las luces de la caverna de Dracogro, hacia donde se dirigían volando…

La casa de Dracogro era terrorífica, pero el deseo de recuperar a los pequeños les hacía olvidar el miedo.

Sin embargo, antes de que llegaran, el cruel ogro encerró a los gnomitos y haditas en unos cajones y los enterró en el jardín.

Cuando los gnomos y hadas llegaron, todo estaba en silencio.

El Dracogro había salido y no sabían dónde buscar a sus hijos, que no habían dejado ningún rastro.

Recorrieron todos los laberintos y todas las habitaciones.

De pronto se escuchó un murmullo en el jardín… Cuando los gnomos y hadas se acercaron, vieron que un montón de flores nacían del suelo, y entre sus pétalos brincaban alegres gnomitos y haditas.

Las flores se habían dado cuenta de que sus amigos estaban en apuros, y habían crecido y crecido hasta salir a la superficie y así sacar a los prisioneros.

LOS DEPORTES

Tenis

Es el deporte favorito de los ogros. Utilizan gnomos en vez de pelotas.

En todos los deportes los ogros utilizan gnomos. Por eso siempre están buscándolos para cazarlos.

Los juegos son muy
apreciados por los ogros,
pero aborrecidos por
los gnomos.

BOLOS

DARDOS

OGROS FAMOSOS

EL OGRO BUENO

Era un ogro que nunca pudo ser malo. Ningún ogro le quería, pero las hadas, gnomos y dragones eran sus amigos.

Los días en que los ogros salían a cazar gnomos, el ogro Bueno avisaba a todos en el Bosque Mágico para que se escondieran.

Todo marchaba bien, hasta que un día el ogro no volvió…

Sus amigos, preocupados, fueron a buscarlo a las cavernas. Los ogros malos le habían tendido una trampa y pensaban utilizarlo como cebo para atraerlos cuando vinieran a rescatarlo.

El ogro lloraba y se sentía derrotado creyendo que todo lo bueno se acabaría y que sus amigos quedarían atrapados.

Pero los gnomos se dieron cuenta y prepararon una estrategia. Mientras el escuadrón aéreo atacaba a los ogros malos, otros liberaban al ogro Bueno.

Gnomos atacando a los ogros con bolitas de pinchos.

El ogro se quedó a vivir con sus amigos del Bosque Mágico. Movía rocas y cargaba con los árboles para construir las casas de los dragones; capturaba las nubes que producían lluvias y vigilaba todo el bosque.

El ogro Bueno se sentía muy feliz junto a sus amigos del Bosque Mágico y sus habitantes siempre le agradecieron su ayuda.

Gnomos liberando al ogro Bueno prisionero.

EL OGRO PASTOR DE DRAGONES

Los ogros capturan a los dragones cuando éstos son pequeños y forman rebaños que ponen al cuidado de un ogro pastor.

Con la piel de estos dragones hacen zapatos.

Por la noche los amarra por la cola de modo que, si intentan quemar la cuerda que los ata, se queman ellos mismos.

Éstos son algunos de los productos que fabrican los ogros:

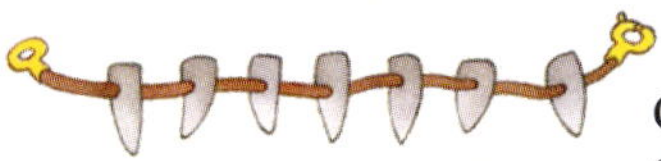

Collares de dientes
de dragón

Zapatos de piel
de dragón
(para las brujas)

Encendedores
con combustible
de sangre de
dragón

EL OGRO PASTOR DE NUBES

En las montañas más altas, viven los ogros pastores de nubes. Se encargan de cuidar, alimentar y organizar las nubes. El rebaño tiene nubes de todo tipo.

Cuando quieren causar daño, empujan a las nubes de tormenta y luego las aprietan para producir una lluvia intensa, con rayos y truenos.

Cuando han juntado muchas tienen que lanzar algunas, porque no les caben, y a veces lanzan todas a la vez y se producen catástrofes.

Ogro apretando una nube de tormenta
sobre el Bosque Mágico.

Los ogros pastores de nubes producen sus propias nubes, según sus necesidades, utilizando un dragón y una olla.

Últimamente han logrado producir ¡hasta nubes radiactivas!

EL OGRO PASTOR DE AMORES

Hace muchísimos años, los ogros expulsaron de la Montaña de las Mil Cavernas a un ogro que les parecía extraño: no era malo, trabajaba bastante y escribía historias. Caminó muchos días hasta llegar al Río Interminable y allí se quedó a vivir.

Siguió escribiendo sus historias,
pero cada cuento que escribía
tomaba forma de corazón
y empezaba a volar.
Él los reconocía y los saludaba.

Un día la casa del ogro estaba tan llena de corazones que decidió sacarlos a pasear al bosque. Desde entonces, el ogro se convirtió en Pastor de Amores.

Siempre fue muy querido en el Bosque Mágico.

LOS OGROS DE HOY

En el Bosque Mágico la vida se ha ido modernizando. Y como cada vez se escriben menos cuentos, los ogros han tenido que aprender nuevos oficios.

Uno de los últimos ogros que consiguió empleo fue el de Pulgarcito y tuvo un final terrible, pues Pulgarcito terminó robándole las botas al ogro.

Los ogros que se utilizaban para asustar a los niños fueron sustituidos por otros personajes: Drácula, Frankenstein, y otros.

Los ogros de hoy se dedican
a asaltar los bancos de los dragones,
y molestar a hadas y gnomos.

Por eso, los habitantes del Bosque Mágico prefieren que se ocupen de sus antiguos asuntos.